LOS ALQUEQUENJES MÁGICOS

... de niet@s y abuel@s ...

Diego Riera Moreno

Esto era un hombre mayor que iba muy despacio, a no ser que anduviera montado en su *handbike* solar. Entonces sí que corría, ¡como un cohete! Por eso, había quien le llamaba Dieguito el lento o Dieguito bala. A Dieguito le daba igual como le llamaran porque él decía que era Suertudo Diego. Y Suertudo Diego (S. D.) era un abuelo feliz cultivando en su patio plantas de todo tipo.

En su exuberante jardín crecían geranios rojos a reventar, olorosos jazmines que exhalaban su fragancia durante la noche, rosales con bellísimas rosas blancas, rojas, amarillas y también campaban algunas buganvilias de hojas encendidas. Minúsculas florecillas, verdolagas de todo color, cubrían los ordenados parterres.

Sin embargo, y aunque S.D. estuviera encantado con su cuidado jardín, más alegría le producían las tomateras Cherry, las fresitas que se escondían bajo sus tupidas hojas verdes y, sobre todo sobre todo, los alquequenjes. Los alquequenjes eran arbustos trepadores con frutos encerrados en una especie de farolillos chinos, y cuando maduraban, la cascarilla se volvía transparente y sus frutos anaranjados tenían un sabor delicioso. El abuelo reservaba estas fresas, tomatillos y alquequenjes para cuando le visitaban sus nietecillas.

Mas el tiempo pasa, e igual que crecen las plantas, todo lo demás también cambia. Las nietecillas de S. D. ya se convirtieron en nietas y a su avi se le iban oscureciendo los ojos.

A primeros del verano, las nietas se acercaron hasta la casa de su avi y disfrutaron con todas las frutillas que se zamparon. ¡Vaya si disfrutaron! Y aquel fue el último banquete que se pegaron en el jardín, pues las niñas, ya casi chicas, encontraron muchas otras cosas divertidas para pasar el tiempo.

Tras aquel verano, las plantas se agostaron, pero cuando volvió la primavera, el jardín recobró su lozanía asilvestrada; abundaron las fresas, los tomates Cherry doblaban sus ramas por el peso de los tomatillos, que eran muchísimos, y los alquequenjes se enfilaban repletos de farolillos que contenían los frutos mientras maduraban.

En las fiestas del pueblo, nietas y abuelo se vieron en la plaza, se besaron con alegría y ya no se vieron más aquel verano.

Como es natural, el verano agostó las plantas que cada vez recibían menos cuidados porque al abuelo se le había oscurecido todavía más la mirada.

Pasados con descuido aquellos días veraniegos y el otoño siguiente, llegó el invierno y apenas si quedaba rastro de lo que había sido durante tantos años el jardín mejor cuidado de Fornells. Diríase que no quedaban apenas semillas, pues el viento estaba siendo furioso y lo arrasaba todo.

Un día, pasado el tiempo, las nietas, que ya eran muchachas, se acordaron de aquel jardín y de los buenos ratos que habían pasado allí zampándose las deliciosas frutas que antaño cultivara su avi.

—Avi —protestó la menor—, ¡no hay nada! —y tenía razón.

Por más que buscaron no encontraron ninguna frutilla y acabaron marchándose algo enfadadas:

—Y, avi, ¡vigila tus ojos, que ya son casi negros!

Y tenían razón, los ojos del abuelo apenas si chispeaban y el anciano cada vez tenía más sueño. Y el abuelo se durmió, como quien hiberna, y no volvió a despertarse hasta el primer día de primavera. Había pasado los últimos meses durmiendo plácidamente, y, al parecer, nadie había abierto ni puertas ni ventanas, porque las telarañas cubrían todos los rincones. Gracias a ellas, no volaba ni una mosca ni un mosquito.

Con los ojos bien abiertos, el abuelo se incorporó de la cama, abrió los ventanales y aspiró el aire tibio de la primavera, que ya había llegado. Todavía el alba no había despuntado y desde la ventana solo se apercibía la oscuridad y el sonido agotado de la mar, que despedía el invierno con la última ventolera.

Mientras se abría el día y el anciano preparaba su café matinal, crecía su curiosidad por ver su jardín, aunque le diera grima imaginárselo. Sin poder aguardar más, salió con su tacita de café al jardín y, aunque había soñado que por arte de magia estaría exuberante como lo había estado, nada fue de esta manera. De los geranios, las buganvilias, los jazmines... no quedaba nada, y ello entristeció mucho al abuelo, al que le importaba un pito el color de su mirada, ciertamente más oscura que nunca. Y lloró no más de un par de lágrimas, que fueron a caer sobre las últimas semillas de los alquequenjes.

Y se volvió a la cama, dispuesto a invernar hasta que se le acabaran cansancio y sueño. Estaba tan falto de fuerzas, que se durmió enseguida.

Sin embargo, a los pocos minutos, escuchó un crujido que le sobresaltó y tuvo una intuición...

Efectivamente, el sonido desgarrador, que había escuchado desde su cama el abuelo, era el producido por los dos enormes alquequenjes sobre los que habían caído sus lágrimas. El abuelo hubo de restregarse los ojos para ver que era cierto cuanto veía. Dos troncos de alquequenje, como de auténticas hayas, se erguían hasta alcanzar las nubes. Y sí, allí arriba estaban sus nietas, zampándose alquequenjes del tamaño de un melocotón.

-¡Sube, avi, sube! -gritaban desde lo alto las chicas.

El abuelo se descalzó y trepó hasta donde estaban sus nietas, y allí rieron los tres, mientras comían los mejores alquequenjes de su vida.

Y cuentan que, si un día prestas atención al pasar donde creció aquel jardín, en la calle Rosario 92, tal vez te lleguen, desde las nubes, aquellas risas que explotaban alegría.

*Avi, abuelo dicho en algunas zonas de España.

©Diego Riera Moreno (de la obra)
©Jaume Enrich (de las ilustraciones)
©Apuleyo Ediciones (de esta edición)
Primera edición en Apuleyo Ediciones: diciembre 2024
Diseño de cubierta: Franxu García
Corrección: Aitor Andreu Guerrero
Maquetación: Franxu García
Coordinación editorial: Isidoro Cidre González
info@apuleyoediciones.com
www.apuleyoediciones.com
ISBN: 978-84-1060-420-9
Depósito legal: H 515-2024

Hecho e impreso en España.